파랑새 날다

파랑새 날다

사진가 김형철

일 년 동안 쓴
여행 생활시
그리고 사진

신아출판사

| 작가의 말 |

2017년 새해 무엇을 할 것인가
시를 쓰자
문외한 문학에 도전
인문학이 죽으면 행복도 없지
행복한 삶에 도전하자

도전은 행복이다
고등학교 시절 자전거 하이킹
시내버스 노선별 종점 타 보기
수영으로 주요 저수지 왕복 횡단
대학 시절 사범대학 학생회장 이후
광주학살 전두환 퇴진 투쟁
민주화 운동 유공자로
10여 년 늦게 교단에 선다

태백산맥은 없다
한국 전통지리 체계 있음에도
일제 유산 헤매는 지리학에 반기
내 나라 내 땅 두 발로 걷자
백두대간 정맥 종주 10년은 걸린 듯

한국 청소년 오지 탐사대 인솔 로키산맥 탐사
개인적으로 히말라야 등반 킬리만자로 등정까지
산이 있어 행복하던 산 사나이

산악 전문가에서 취미로 시작한 사진
삶의 일부 되어 사진가의 길을 가다
사계절 아름다운 곳으로 사진만 한 취미활동 있을까

마라톤 마니아로
자전거 국토 종주로
이런 도전 정신이 시문학의 길 연다

시 세계로 날고 싶다는 꿈
국어 선생님인가요
아뇨 지구과학

시란, 어떻게 쓰는 거지
느낌 감정 쓰다 보니 글이 되고
메모도 시가 되더라

2018. 1. 23

시로 날다

시란
일상생활 표현하는
짧은 글 감성 일기
메모도 시가 되지

한 해 동안 여행 취미 활동
소감 느낌 글 96편
시집 살이로 마무리

시작이 어렵지
하다 보면 누구나 시인
도전하라 당신, 오늘부터 시인
감성 세계로 날아보자

시가 있는 사진
파랑새 둥지
글씨 품고 시로 날다

blog.daum.net/pm-21

2018. 1. 23

| 차 례 |

겨울 그리고 봄

여름 연인이 되어

단풍 따라 가을 여행

여행으로 보는 세상

생활 속 이야기

자화상

겨울 그리고 봄

가창오리 군무

일몰과 오리 떼 비상
삼십만 날갯짓 오케스트라
후루루루후르르르

하늘 울린다
땅도 흔들고
천둥소리다

일사불란 점되더니
휘 몰아 하늘 덮는 군무에
넋을 놓다

짐승 둥지 찾는 초저녁
가창오리 먹이 찾아 난다
시베리아 아무르 캄차카 고향
통통 살찌워야지

동림지 어둠 내리고 객들만
빈 하늘 멍하니 길을 잃다

2017. 1. 1.

청둥오리 비상

대설경보에 큰고니 만나러 가는 길
눈커녕 찬바람 살 에는데
큰고니 어데 가고 청둥오리만 난다

얼어붙은 저수지
수영 금지 경고판

논배미 내려
꽥꽥~
두리번두리번
꿱꿱~

옛 추억 그리운 겨울 진객
싹쓸이 농법 탓
논두렁 하얀 공룡알만 덩그러니

먹이 사라진 들판 비상非常
청둥오리 하릴없이 비상飛上

2017. 12. 16.

운장산 가다

하얀 눈꽃
거친 숨 몰아 올라서니
상고대 사라지고
저기 모악산
아스라이 지리산
들판도 산도 운장이로다

칠성대 1122m 고지 눈밭
라면에 커피 한잔
누가 알리
풍경이 빚은 이 맛

바람도 잠든 운장대
따사로운 햇살
나른한 오후의 여유
호남 알프스 운장산에서
찰나의 행복

2017. 1. 26.

저녁노을 아쉬움
잘 있어라 운장산아
내 다시 오마

그땐 텐트에 누워
지는 노을 함께 하자구나

복수초

눈 내린 설 연휴
복수초 마중 가다

바람맞은 들 어떠리
내소사 전나무 숲길
걷기만도 좋은데

꽃소식 그리운 산속 나그네
설화 한 송이 상봉
노랑 공주

영원한 행복
장수와 복 상징하는
복수초 福壽草

당신에게 선물로
복 받고 무병장수 행복하세요

2017. 1. 30.

눈물

후두둑후두둑
심장 타고
두드리는 소리

비가 오나
뭐지
해 떴는데

해 뜨고 비 오면
울 아버지
호랭이 장가간다는데

지붕 눈 추울까
해님 사랑
거부할 수 없어

녹아내리는 눈
눈물이어라

2017. 12. 13.

왜목마을 일출

오늘이란다
고추 해 솟는 날

밤 달려 서해 당진
발전소 굴뚝 사이로 대보름달 지는데
얼굴 묻고 발 동동 기다리는 사람들

동편 하늘 빨게지고 여명
셔터 불 뿜는다

불덩어리 숫 태양
고추가 태양을 낳다
심장도 멎은 듯 침묵 흐르고

어둠 깬 왜목마을
꿀잠 깨어 보는 사람 있어라

2017. 2. 12.

변산바람꽃

애타던 아가씨 향내
꽃바람 타고 향일암에서

여수로 간다
봄 치마 살랑대는 남녘
바닷바람 향기롭다

산모퉁이 돌아 저쯤
수줍은 듯 미소 짓는 아가씨
요리조리 예쁘기만 한 girl

누가 볼세라 매무새 단장
눈 맞추고 입술 깨무는 듯
숨죽이는 심호흡

찰칵~
봄 처녀 변산바람꽃
카메라 보쌈

2017. 2. 19.

금평 저수지에서

비 내리고 안개
자욱한 저수지
어둠 스멀스멀
가로등마저 잠들고

금산사 금평 저수지
오리알 터

새들도
물고기도
평안히 잠들겠지

나도
평안하다

2017. 2. 22.

감나무

이른 봄
완주 화암사 가던 길

현석이네 농가
구름 걸린 감나무 하나

텅 빈 밭고랑 사이로
하늘 받들고 있다

짙푸르러 멍든 하늘 창
흰 구름 반창고 머물다 간다

2017. 2. 25.

홍시

눈 내리는 날 내장사 감나무
주렁주렁 눈 모자 쓰고
파란 하늘 멋 부린다

하얀 세상
톡 톡 구멍 사이로
산타 선물인가
얼음보숭이 홍시

사르르 녹는 이 맛 꿀맛이야
쉿! 구멍 속 1급 비밀
당신만 아시구려

내일 아침 눈 온다니
마음 설레

2017. 12. 20.

노루귀

노루 닮아 어여쁜 꽃이여
어이 하필 귀때기 닮을 꼬

하긴
엉덩인들 어떠리
앙증맞은 너

일 년 기다림
약속이나 한 듯 오늘
탐스러운 꽃송이 터트렸구나
빛 내림 사이로 쫑긋
눈부신 자태

본 적 있더냐
적막 뚫고 나온 노루귀
신비스러운 솜털

2017. 3. 4.

3월의 크리스마스

간밤
눈 빠져 깊은 잠 잤나보다
세상이 하얗다

찰칵 ~
눈 내린 거리 마냥 좋은데
사람들 미끌미끌
차량도 슬금슬금

카톡 ~
맙소사 산 중 설경
노루귀 변산바람꽃 어이 하리

경칩
3월의 크리스마스
개구리 꿀잠
산중 꽃들 놀라는구나

2017. 3. 7.

유채밭에서

유채밭 차 세우니
제주도처럼 찍어주세요

사진은 사진일 뿐
표현은 작가의 몫

SNS 올리면
어디냐고 댓글 아우성

사진 보고가면 실망 뿐
사진은 살짝 거짓말쟁이

초라한 풍경일지라도
마술쟁이 연출
작가는 포장 예술의 달인

2017. 4. 30.

홀씨의 꿈

민들레 홀씨
사방으로 나는 계절

민들레 만들래
창공 나는 홀씨의 꿈

미세먼지 탓
애먼 홀씨 홀대

2017. 5. 1.

봄의 향연

봄비 내리는 녹차 밭
고랑 사이로 색이 흐르다

빨강 노랑 파랑
우산 행진곡 반주에
봄의 향연
안개 내린 초록 세계로
녹차 향 스며들다

반나절 스친 다원
찻잔에 긴 여운
다향 속으로 심향 흐르다

2017. 5. 5.

여름 연인이 되어

호동골 바람 속으로

초여름 호동골
철지나 시든 수레국화 미안한지
바람 타고 살랑살랑 춤

카메라도 따라 춤추고
예쁜 사람 눈도 감아준다
어울림
작품으로 변신

자연의 순리
시든 수레국화는
무죄

2017. 6. 9.

안개 꽃

첫새벽 옥정호
비 내리고
안개 꽃 피어오르다

붕어섬 옥정대교 산골 마을도
꽃 바다 잠긴 듯
마이산 두 봉우리 남기고
골짜기 능선 넘어 온 세상으로
안개 꽃 배달

환영일까
옥정호 구름바다
빛 내림

구름타고 신선놀이
선국 낙원이 여기 있음이라

2017. 6. 15.

털중나리

만덕산
웅치에서 만난 털중나리

그 옛날
전쟁 상흔 아는 듯
붉기도 하지

인적 없는 기념탑
홀로 지키네

2017. 6 .25.

소나기

소나기
담다

나만
흠뻑
젖다

2017. 7. 10

비 그친 풍경

비 그친 저수지
계곡물 흘러드는데

물 빠진 바닥에 자란 풀
아랑곳없이 초록빛 발산

낚시하는 사람
산책하는 사람
풍경 담는 나도

세상은
쉼 없이 돌고 돌아
사람이 있어야 세상이지

2017. 7. 11.

해바라기

왜
해바라기일까

낮에 해 보니 해바라기
밤에 달 보면 달바라기
꽃이 책 보면 책바라기

사람 닮았다
그래
나 닮았다

밤낮 너만 바라보는
나는 너바라기

2017. 8. 12.

물방울과 놀던 날

비 오는 날
지리산 가다

구름 타고 노고단
원추리 물봉선 동자꽃
야생화 천국

꽃잎 끝 물방울
대롱대롱
셔터 소리 놀란 듯
토옥
떨어지다

앗, 렌즈에
수 소 폭 탄

2017. 8. 15.

처녀 같은 련

이천 십칠 년
처음 만난 연
처녀 같은 련

보석처럼 신비롭구나

다시오면
앳된 젖가슴 봉우리
붉은 속살 끝내 태우겠지

2017. 6. 27.

덕진공원에서

비 내린 오후의 덕진공원

새 사람 잠자리 모여들고

연 꽃잎 사이로 오리가족

꽃 위로 잠자리 신혼비행

해 활짝 사람꽃 행복가득

글 자수 놀이도 시로구나

2017. 7. 9.

하소백련

연
하면
청운사
하소백련
왕보고자퍼
쌩하니달려왔지요
다음주에나지대로볼겨
먼저걱정해주는시골동네사람들
인정에끌려또가고싶다
백련의아름다움을
처음느껴본
김제청하
청운사
백련
지

2017. 7. 5.

홍백전

홍련 백련
백련 홍련
경쟁하듯 홀리누나

눈부신 자태
순백의 미
홍백전

무승부

2017. 7. 6.

연인이 되어

장맛비 내리는 날
연이랑 연애하다

비슷한 듯 숨은 연인 찾기
연잎 휴식 개구리
연잎 폭포수 담기

연인(蓮人) 되어
연 사랑 빠지다

사진의 매력
예술 아니면 환자

2017. 7. 15.

노을 속 그녀

바람 불면 어쩌나
하나 둘
소리 없이 사라지고

연 꽃잎 하나
차마
노을 속 지려나 보다

서쪽 하늘
유난히 불타는 것이

2017. 7. 23.

서울 연

연 사랑 촌놈
애경사 때나 가는 서울에서
연꽃 축제 한다

장마 구름 펄 삼아
환영 요란한 하늘 연
항아리도 아쉬운 땅 연

애상한 맘 뿐
카메라 한 방
셔터도 둔 탁

진흙 펄 연
지고 나면 연밥 주는데
서울 연 어디로 갈까

2017. 7. 27.

야화

깊은 어둠에

빛 내리고

수련 눈 뜨다

야화

밤을 깨우다

2017. 9. 8.

빅토리아연

9
28
2017
부여 궁남지
밤에 피는 연꽃의 여왕
빅토리아

대관식 보러
전국 사진작가들
구름 떼 몰려들다

백제 궁성 궁남지
빅토리아 접수

2017. 9. 28.

단풍 따라 가을 여행

꽃 중의 꽃

너는 지리산의 야생화
내가 발견한 꽃

물봉선 투구꽃 동자꽃
자연이 만든 꽃밭에서
내게 다가와 꽃이 되었지

꽃 중의 꽃
오이꽃
첫눈에 반해버렸어

2017. 09. 01.

가을비

추적추적
온종일 비가 내리다

가을 타는 단풍도
익어 가는 곡식도
여행 하는 나도
궂은비 싫어

스산한 비야
그쳐줄래
술 사줄게

가을비
한잔 술 부르는구나

2017. 10. 1.

국토종주 자전거노선
북한강자전거길
GHOST

황금들

금빛 내리는 순간
셔터 열리고
노란 물 수놓다

황금들은
호남평야만 아니라
사람 사는 어디나 있어라

파란 하늘 아래
금빛 풍요
평화로운 농촌

손끝에 스치는 벼 이삭
속삭임 따라
논두렁 사이로 걷고 싶다

2017. 10. 4.

옥정호 옛길

아름다운 호반
호수 속으로 걷는 길
이면엔 또 다른 추억
잊혀 진 뒤안길

대대로 살던 고향 수몰로
등 돌아보며 떠나야만 하는
가슴 시린 실향민의 길

옥정호 가뭄 끝
맨살 드러낸 옛길
사연 모르는 연인들 인기더라

보이는 것만이 전부는 아니지
하긴, 보는 것도 여유가 있어야지
마음의 여유

2017. 10. 21

자작나무 숲

인제 가면 언제 오나
가기엔 너무 먼
강원도 인제 자작나무 숲

반나절 거리
짝퉁 숲 어찌 아는지
산길 차로 붐비다

허접한 산
사진 한 장 유명세 만드니
사유지 입장료 내라고

근교 자작나무 숲
인제라면 인제
짝퉁도 때로는 좋은 것

2017. 10. 23

선운사 만추 반영

선운사에
오신 적 있나요

이른 봄 뚝뚝 동백
맴 맴 맴 소란한 여름
초가을 꽃 무릇 천지
눈 내리는 산사의 고요

사계절 볼거리 많다지만
단풍 눈 내리는 도솔천
물이 그려낸 수채화
은근한 멋의 진수 만추 반영

선운사 다시 오거든
미소 짓는 익숙한 얼굴
도솔천에서 기다리고 있지요

2017. 10. 29.

마곡사에서

어머니
어디서 오셨나요
혼자 오신 거예요

단풍 참 곱죠
바람이 찬데 안 추우세요
큰 나무랑 있으니 든든하지요

다음에는 아드님이랑 오세요
손자들이랑 손 꼭 잡고 오세요
이도 저도 사정 안 되면
누렁이라도 데리고 와요

마곡사 풍경 함께 봐요
기쁨 두 배로 겨울도
춥지 않을 거예요

2017. 11. 4.

고택 항아리

논산 고택 찾는 사람들
항아리 놀라
명재 윤증 관심 없다

장독대 항아리
속이 비면 애물단지
속이 차야 장단지지

항아리 차건 말건
작품사진 찍으러 온 사람들
한 장 승부 꿀단지일 뿐

간장 된장 고추장
아랑곳없이 가을 익어가듯
장맛 익어가겠지

2017. 11. 6.

단풍놀이

온 산이 불탄다
설악산 지리산 내장산에서

단풍놀이 가는 사람들
울긋불긋 옷차림에도 스며들어
얼굴도 발걸음도 화려하다

저녁놀 지는 하늘
단풍 눈 내린 땅도 계곡도
가로수 사이로 버스 차창도 물들어
가을은 깊어간다

단풍놀이 가자
가슴이 치는 소리 들어보자
단풍잎 모아 흩뿌리며
내 안의 엽록소 맘껏 태워보자

2017. 11. 12.

솔섬

일몰 명소 솔섬
지는 해 용의 여의주 변신
순간 포착 위해 자리다툼 치열하다

삼각대 설치 끝나면
하늘의 운
담소 나누며 여유

복병 등장
여의주 삼키다

기다림의 시간
그때가 차라리 행복이어라

2017. 11. 14.

은행나무

단풍 하면 내장산이지
애기단풍 백양사도 멋진데
올가을엔 변심했나보다

현충사 곡교천 괴산 문광저수지
나주 남평역 전주 향교
은행나무 찾는다

노란 은행잎
지거나 푸르거나
타이밍 맞은 적 없지만
싫지 않은 이유 뭘까

쌀쌀한 날씨
노란 잎에 따스함 배였나 보다

2017. 11. 20.

낙엽

나뭇잎이 춤춘다
살랑대는 바람에 날개 달고
골목길 모퉁이에서

자동차 휙 지나고

떨어진 낙엽 벌떡 따라가다
날개 없는 추락
대굴대굴

앙상한 가지만큼 길가에
쌓이고 쌓여
가을이 저물어간다

낙엽
인생을 들여다보다

2017. 11. 26.

건지산

도시 복판 작은 산
아파트 바다에 고립된 섬

단풍나무 수목원
편백나무 숲 사이로 산책로
가을이면 울긋불긋 화려하다

늦가을 낙엽 한 뼘 절정 지난 듯
지척 단풍 외면하고 유행 따라
먼 길 돌았나보다

내 곁에 있는 사람
내 곁에 있는 자연이 소중한 것
겨울엔 친구 하자구나

2017. 11. 26.

가을 여행

담양 메타세쿼이아 거리에서
가을과 이별하다

을씨년스런 겨울
성급해 홀랑
옷 벗었구나

양탄자 깔리니
보내야 할 때인가 보다

눈 내리는 날 곧 오리니
잘 가시게 가을 양

2017. 12. 2.

서릿발

계족산 황톳길 걷다
뿌드득뿌드득
무심코 지나온 소리
서릿발이잖아

영하 날씨 너무 추워
깨금발 서 있는 너를
여태 밟고 왔나보다

해 산등 넘어가는데
어떡하니

내일 새벽
더 멋지게 서보렴

2017. 12. 8.

여행으로 보는 세상
백두대간
백두대간이화령
갈미봉

가까운 이웃 일본

일본
가깝고도 먼 이웃

등산으로 첫 방문, 일본 다시 보고
민간 교류 두 번째 평범한 사람들
우리와 다를 바 없어

한일 청소년 환경 포럼 세 번째
환경 생각하는 사람들 같은 마음
학생도 교사도 진지하다

극우 반한단체 있다지만
일반 시민 학생은 다르지
이용하는 정치세력 양국 마찬가지

멋진 대한민국 좋은 건 배워야지
깨끗한 환경 부럽기도

2017. 1. 3.

꽃지에서

해가 떨어진다
지구 반 돌아 꽃지에서

희망으로 떠올라
기억 저편 공간 이동
서쪽 기울면
발걸음 총총

늘어선 카메라 앵글
설레는 마음 아는지

오메가 남기고
바다로 풍덩

2017. 2. 12.

남고산성

남고산성
사부작사부작 걷는 길

능선 오르니 하늘 열리고
억경대 내려 보는 시가지
한옥마을 푸르다

먹기 위해 산행하나
하다 보니 먹는 거지
담근 술 가래떡 파전까지
오만 것 다 만찬이다

옛 추억 되새기며
오랜 친구들 둘레 길 산행
산성은 유구한데
꼬부랑 되도 만나고 싶다

2017. 3. 4.

기차를 놓치고

이팝나무 흐드러진 공단지대
제방 위 철로
기차가 다니긴 하나 보다

운 좋으면 9시쯤 지난다는 말
행여 간발 기차를 놓치고
아쉬움에 철길 걷는다

철로 따라 자란 풀
기차 지날 때 먼저 눕고
또 일어나겠지
심심한 선로 지키는 건
이름 모를 풀이더라

풀아 놀자
내가 달리면 안 누워도 돼

2017. 5. 3.

해랑 놀던 날

해 뜰 때
해 떠 서
해 먹 다

달 달 해
해 보 구 려

해 랑 놀 던 날
행 복 해 따 오

2017. 6. 10.

만경강 낙조

비비정
왜가리 날아오르다

완산 팔경 비비낙안
백사장 내려앉던 기러기 떼 어디로
백로만이 한가로이

소금배 젓거리배 드나들던 사수강
백사장 터 갈대 무성하니
이름마저 만경이라
한양 가는 길
주막도 사공도 풍류객도
옛 흔적 찾을 수 없어

낙조 뒤로
고속철 달리는구나

2017. 6. 12.

머드 축제

머드가 부른다
살아있다
젊음이 청춘이

남녀노소 흑백
하나 되는 축제

화려한 옷
분장한 얼굴도
머드 예술로 변신

흙탕물 튕기고
즐기는 축제
귀소 DNA 작동 중

카메라 들고 쩔쩔대는
나만 외톨이

2017. 7. 27.

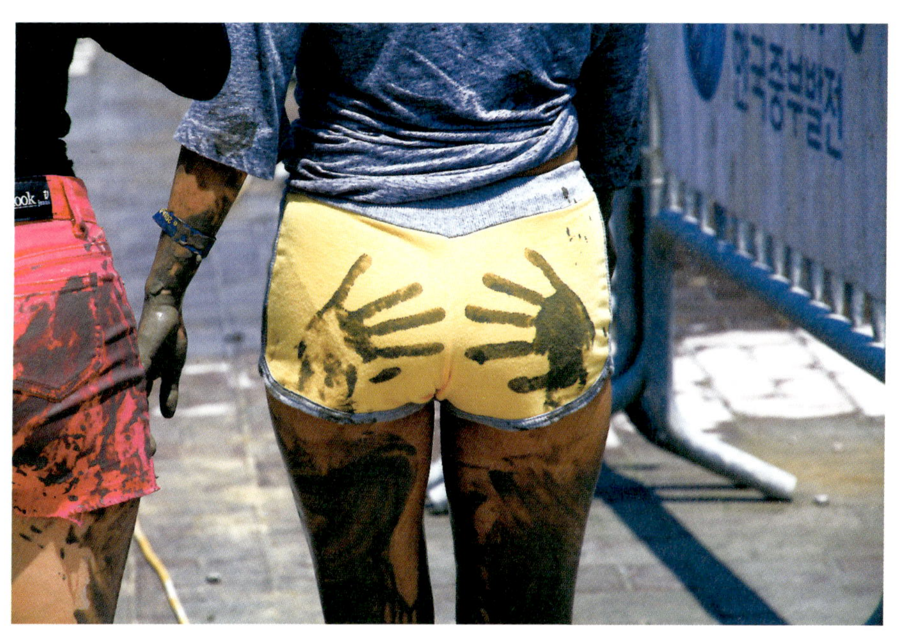
한국중부발전

계화도 일출

계화도 섬
일출 본다니 동해일까

계화미
간척해서 지금은 육지
전라북도 부안

부안이면 서해인데
저녁놀 아녀

해는 어디든 뜨고 지지
정동진 솔섬
명소가 있을 뿐

송림 반영 너머로 떠오르는 해
유명세 타는 중

2017. 8. 26.

실루엣 사랑

채석강 동굴
실루엣 사랑

동굴 속 노을 들고
물 때 맞아야
사랑의 불꽃 피어나지

억겁의 세월
파도에 맞선 동굴처럼
시련 딛고 일어선 사랑이라면
애틋한 추억이 되어
오래도록 행복하겠지

화려함보다 스며드는 사랑
실루엣 사랑

2017. 8. 29.

동창회

신흥고 32
가자 지리산으로
돌다리 건너 옛 추억 안주 삼아
우정 나누며 생맥주 파티

계곡물 소리
풀벌레 소리
올빼미 소리

동기라 좋다
만남이 좋다
별들도 친구

주님과 놀던 날
신선한 산소 탓
이슬인지 물인지
보리차 마신 밤

2007. 9. 9.

왕궁리 오층석탑

해 저물어 하늘 커튼 열리고
검은 천사 내려오다

강아지풀 살랑 애교 부리는데
붉게 타다 검은 노을
흑마 되어 황산벌 달려가나

어둠 스친 오층석탑
세월의 강 건너 백제 땅으로
왕궁 터 고요히 잠들다

일몰은 짧고 긴 여운
선화공주 서동 사랑이야기
들리는 듯

2017. 9. 16.

마이산

진안 馬耳山
말 끝나기도 전 아이들
안가요 산 싫어

말의 귀 닮은 산
사진 보여주면
신기해요 닮았다

Who named it
My mountain
Lets Go 馬耳山

누가 지었을까
마이 산
가요 마귀 산
한자 모르는 아이들 영어는 잘 한다

2017. 9. 22.

국사봉 일출

운명이다
3일 연속 국사봉
일출은커녕 운해만 일어

마이산 두 봉우리 사이로
떠오르는 태양 이때라
서울 마산 대구 멀리도 왔다
난 새벽잠 설쳤을 뿐

자칫 내년 기약하는 간절함
아는지 모르는지
늦잠 자다 놀란 듯 부스스
구름 때 끼고

해야
내년에 보자구나

2017. 9. 26.

나쁜 바람

자전거 국토 종주
북한강 거슬러 춘천 가는 길
날 저물고 하늘 하 수상하다

강변에 텐트 치고 눕자마자
우장군 풍상군 기습이다
바람 탄 비 파상공격

비야 바람아 멈추어다오
날 새고 잠 설친 밤
조망 어디로 텐트 어지럽다

비랑 내통한 나쁜 바람
비가 바람나면 울사람 누굴까
나만 심란하구나

2017. 10. 10.

용의 승천

개천에서 용 난다는데

사람 떠난 농촌 소도시

실개천 되어 용이 산으로 가다

고창읍성

맹종죽 군락지 소나무 하나

죽림 승천

토룡에서 소룡 되다

2017. 5. 21.

무등산

무등이라도
국립공원 승격

세상사
순서 좋아하는 사람들
놔 둘리 없시

만인은 평등
등급 차별 없는 세상
참 진리 말하는 무등산

장불재에서
내가 좋아하는 사람 만나다

노 전 대통령
무등산
현신

2017. 3. 13.

아! 참 좋다
2007.5.19.
대통령 노무현

현직대통령 최초 무등산 올라
산상 연설 발자취 남아 있는 곳
안내판에서 고개 숙이다

생활 속 이야기

아담 이브

톡

하늘 문 열다

사랑 바위

탄생

조물주의 조화로다

2017. 10. 22.

반영 놀이

반영아
세상에서 누가 젤 예쁘니
오이 공주

누구라고
너 가슴 속 반영

반영아
그럼 누가 젤 멋지니
카메라 놓고 서보면 보여요

누가 찍으라고
반영이

2017. 9. 26.

날다 사랑해

날다 사랑해
너만 사랑해

운명의 신 장난쳐도
ME TOO

그땐,
콩깍지 일 뿐
몰라
너 미워 정말

그땐,
몰랐어 사랑을
이제 알아
너 사랑해 정말

먼 훗날에도
너만 사랑해

2017. 8. 29.

사랑

만남 호기심 끌림에서
믿음 신뢰 생기면
사랑 싹 트고

눈 뜨면
짚신도 사랑스럽지

한 사람을 사랑한다는 건
영혼을 내어 주는 것

영혼의 교감
사랑이다

2017. 9. 01.

도시의 등대

등대는 사랑
길 떠난 사람 안내하는 파수
빛으로 소리로 자신 드러내

도시의 등대
사랑 떠난 등대지기

사랑아
어디서 헤매는 거니
네온사인에 꺼져버린 등대
등불 켜리니
돌아오라 그대

무너진 하늘
사랑으로 다시 세우자

2017. 9. 6.

작은 큰 행복

카톡 할 사람
한잔 할 사람
훌쩍 뜰 사람

있다는 것은
작은 듯 큰 행복

동성 또래 친구보다
이 하 연

훌쩍 뜨고 싶은 날
빈 톡만 날리고
잔 수만 늘어

따뜻한 비
가슴으로 맞고 싶다

2017. 7. 4.

내 친구 봉순이

산 친구 해오름
닉네임 좋다

섬 산행 실명 써야 할 순간
봉순이란다
촌스런 이름 들통 나

장난기 수천이
봉순아 봉순아 막 부르지만
2c 처음엔 싫은 척
이골 나 신경도 안 써

나이 들면 봉순이
정감 있나 보다
나도 좋아졌는데 어쩌나
봉순아

2017. 11. 22.

내장산최고봉
신선봉
해발 763M

아기 천사

천사
하늘 사랑

아기 천사 김율
하는 짓마다 귀엽고
땡강 조차 예쁘다

은행잎 모아 하늘로
제 얼굴 떨어져도 신나
뿌리고 또 뿌리고

집에 돌아갈 시간
양 팔 매달리어 그네 타기
땅바닥 주저앉아 또 뿌리고
5분 거리 50분 된 들
기다려주고 들어주는 엄마 아빠

아기 천사 어디서 왔을까
하늘 사랑을 보다

2017. 11. 19.

꿩

인적 드문 시골 산길
푸드드득 꽥~꽥~
깜짝이야

썩을 놈
기만있으면 모를 텐데
외마디 비명 나는 놀라고
너는 헛수고잖니
생존 본능이라지만
호들갑 떨긴

하긴 너가 노는 땅
무단 침범한 나를 용서해다오

2017. 11. 26.

살풀이

피
맺힌
한

고이 접어
풀어
펼치다

하늘로 가소서

예술로
승화

2017. 9. 24

새미누드

인체
곡선미

자연
순수미

연출
창작미

촬영
예술미

2017. 9. 26.

삶과 죽음

생명은
탄생과 성장
소멸이 완성

죽음이란
탄생 이전
무로 가는 것

소멸 전제한 탄생
피할 수 없는 죽음은
신성한 것

그러나 죽음은
세포 기능 상실 과정
아프다 슬프다

2017. 12. 3.

사랑의 온도계

지구가 아파요
가파르게 열 오르는데
태양계 중환자실 없어
어떡해요

공장 굴뚝
자동차 배기가스
목장에서 뿜는 온실가스로
온난화 병 이래요

빙하 녹아 투발루 가라앉고
북극 곰 어디로 가나요
기후변화 사막화 식량 위기
멸종의 길 가는데

지구야 아프면 안 돼
지구 사랑 온도 15도
아시나요

2017. 12. 13.

미안해 지구야
사랑해 지구야
지켜줄게 15도

첫눈 오는 수능 날

지진으로 연기된 수능 날
대한민국이 온통 숨죽이다
1교시 학생도 교사도 긴장의 순간

책상 교체해 줘요
난방기 바람 정면 와요
옆 친구 훌쩍 소리 신경 쓰여요
예민해진 탓

침묵의 시간은 흐르고
커튼 사이로 창밖에는 함박눈
펑펑 첫눈이 내리고 있다

종료령 커튼 여니
야호~
함박눈 행운 이란다
수능 점수 펑펑 대박나자

학생들 긴장 풀고
작은 미소로 화답

2017. 11. 23.

3반 선생님

올망졸망
쫑알쫑알
2학년 3반 꽃동산
예쁘지 않은 꽃은 없다

옹기종기 소꿉놀이
초롱초롱 눈망울
깔깔깔 웃음꽃
꽃보다 아름다워라

너희는 멋지게 자라 주목받는
예쁜 꽃이 될 거야
아이들을 진정 사랑하는
3반 선생님

2017. 10. 15.

촛불의 교훈

국민의 정부

국가는 국민을 하늘같이

국민은 하늘을 친구처럼

모두가 행복한 대한민국

만
드
는
것

촛불의 교훈

2017. 1. 20.

세월호

자화상

나는 자유인

어떤 사람
아무 때나 보고 싶고
싫다 해도 좋은 사람

붕어빵 나누고
캠핑도 떠나고
어딘들 함께 한 사람

어느 날
그대로 멈춰라
내가 싫어진 게지

소행성 B-612에서 온
나는 자유인
너는 금성에서 온 비너스

2017. 2. 16.

메밀꽃 필 무렵

사랑하는 사람아
어쩌란 말이냐

너 좋은데
다가갈 수 없으니
이대로 잊혀야 하는 가

세월은 무심히 흐르는데
결코 내 편 아니라
어이 할까나

메밀꽃 피고 지는데
열병 깨울 힘
꽃향기에 내 사랑 담아
너에게로 보낸다

2017. 9. 11.

어떤 기도

아픈 사랑
근심 걱정 고민
내려놓아라

그거 한다고
해결될 것 같으면
아픈 사랑도 아냐

다만
가볍게 놓지 마라
목숨도 건 사랑이거늘

한때
사랑해서 고마워요
사랑을 지켜주세요

2017. 9. 26.

백만 번 운 고양이

길고양이 훈우 야옹 되다
훈우 작은 기쁨
사랑 받으며 행복한 날들

사랑에 빠진 야옹 어디든
안아 달라 응석만
쉬고 싶다 해도 흘려들었나 보다

지친 훈우 떠나고
야옹이 가슴으로 울어
한번 울면 죽을 때까지
벌써 백만 번

이제 울지 않아
인연인 것을 기다림 알아
동네가 조용

2017. 9. 12.

You raise me up

이름 불러도 대답 없는 메아리
정말 보고 싶은 사랑아
옥구슬 서 말보다 훈우라면
아옹이 백만 번 죽어도 좋아

야옹이 백만 번 주었다
옹이는 백만 번 살았다

숨을 쉬듯이 너를 생각해
머리칼 쓸어 넘기는 너의 손길
너의 심장에 남긴 나의 입술

You raise me up

2017. 9. 12.

빈 의자

예쁜 오이
사랑

빈 의자
쉬고 싶을 때 오렴

훈훈한 비 오는 날
어렴풋이 멀리서 볼 뿐
어제도 오늘도
빈 의자 아니다

곁에 있어도 되니
고개만 끄덕

다시 하늘이고 싶다
으응

2017. 4. 28.

삶은 도전

사노라면 좋은 날 오겠지
암울한 시대 희망사항 일 뿐

삶은 도전이다
꿈 사랑 행복 좋은 날
거저 오지 않아

백두대간 도전에서 산악인으로
사진가로 시인으로 꿈꾸는 멋쟁이

도전은 승패가 있다
그래도 희망이다
도전하라 당신

두드리는 자에게 열리나니
자동문은 비용부담 필요로 할 뿐
내 문이 아닌 것을

2017. 12. 30.

2007 한국 청소년 오지탐사대
- 캐나다 로키 -
2007년 7월 19일 ~ 8월3일
후원: 문화관광부
협찬: 코오롱스포츠
사단법인 대한산악연맹
KOLON SPORT

빅뱅

특이점 하나
무한 밀도 부피 제로 질량 붕괴
빅뱅
우주 열리는 순간
시공간 물질 탄생 3분
미립자 원자 분자 만들고 암흑에 빛
별 은하 우주가 되다

우주 시간 흐르고
죽은 별 잔해 태양별 지구 되어
생명 탄생 그리고 인간
우주 나이 138억 년 돌려놓다

빅뱅 이전 뭐가 있나
시공간 없으니 이전도 없지
아무것 없는 부피 제로 에너지 바다
더 알 수 없는 블랙홀 특이점 하나
인간이 있어 존재하는 우주
찰나의 인간 우주를 말하다

2017. 12. 4.

내 안의 특이점 하나
소우주
빅뱅은 진행 중

일탈 꿈꾸지만

친구랑 한 잔 하다보면
술시는 KTX 타고 흐른다
일탈을 꿈꾸지만 아쉬움에 가는 곳

어정쩡 몸치도 흥겨운 탬버린
반짝이는 노래에 취하는 그곳
팡파르만 울리는 요지경 세상
이차 탈출 삼단 가속

머리는 무아경
비틀 배틀 내 다리는 집도 잘 찾아
오막살이라도 좋은가보다

일탈
오늘도 땡
다음기회로

2017. 2. 28.

의 LIVE
LIVE

그냥

왜 사느냐
그냥 살지요

거시기한 그냥
철학이 되다

잘나지도
못나지도
유별나지도

살아있으니
산다

너는 왜 사니
나는 너 보려고 사는데

2017. 12. 8.

겨울 산

눈 내린 겨울 산
생수병도 얼어
눈 뭉치 냉큼 입으로
핀잔 따르다

내 속도 만만치 않아
소장 대장 별천지
보기 좋은 떡만 먹는데
똥배 되잖아

더러운 거
오염된 세상
내 탓

세상 만물
내 속보다 깨끗하여라

2017. 1. 15

파랑새 날다

꿈
사랑
행복

내 안에 무지개
파랑새 있다

두발로
두 바퀴로
때로는 종이비행기 타고

나를 찾아 오늘도
파랑새 날다

2017. 10. 27.

PRORACER

그 섬에 살고 싶다

한반도 남쪽 제주도
이국적 풍경 매력이라지만
내겐 도전의 섬

폭설에도 태풍에도 오르던
1950m 한라산 품은 섬
걸어서 한 바퀴 425km 제주올레
자전거 환상 종주 234km
도전은 끝난 걸까

제주도 368개 오름 있다
그 섬에 가고 싶다
그 섬에 살고 싶다

일 년은 살아야지 싶은데
그 때가 언제일까

2017. 8. 16.

마라톤

42.195km
죽음의 레이스 달리는 사람들
그 고통 알까

출발에서 하프까지
달리면서 느끼는 행복
30km 지나 엄습하는
고통 좌절 절망도 자신과의 승부

출발점 돌아온 순간
환희와 기쁨 벅찬 감동으로
삶의 에너지 치솟는다

몇 등 했어?
마라톤은 나랑 뛰기에
항상 일등이지

2017. 11. 14.

정읍장천
22613

국토 종주

자전거 벗 삼아
인천 부산 자전거 국토 종주
지금 아니면 언제 하랴

한강교 숫자 세며 서울로
북한강 거슬러 춘천
남한강 따라 충주
이화령 넘어 문경
낙동강 달려 을숙도

커플 티 남녀
어린이 노인 외국인까지
두 바퀴 사연 성공 기원하면서

오늘도 내일도 달린다
멋진 나를 만들기 위해

2017. 10. 7.

START
서울
21km
부산
633km
ara
K water

시로 한 해 보내며

2017년
해야 가야만 하는 거니?
크레인에 걸어 붙잡고 싶다만
새해 맞으려면 보내야만 하는구나

너와 함께 한 1년 365일
나의 소원 다 이뤘다

자전거 국토 종주
사진작가의 꿈
시집 출간

안녕
행복한 정유년
공항에서 해를 보내며
내가 나에게 시로 새긴 트로피 증

2017. 12. 31.

파랑새 날다

1판 1쇄 인쇄 / 2018년 5월 21일
1판 1쇄 발행 / 2018년 5일 25일

지은이 / 김 형 철
펴낸이 / 서 정 환
펴낸곳 / 신아출판사
주소 / 전북 전주시 완산구 공북1길 16(태평동 251-30)
전화 / 063-275-4000 팩스 / 063-274-3131
등록 / 제465-1984-000004호
e-mail / sina321@hanmail.net essay321@hanmail.net

값 15,000원
ISBN 979-11-5605-527-3 03810

이 도서의 국립중앙도서관 출판예정도서목록(CIP)은
서지정보유통지원시스템 홈페이지(http://seoji.nl.go.kr)와
국가자료공동목록시스템(http://www.nl.go.kr/kolisnet)에서
이용하실 수 있습니다.(CIP제어번호: CIP2018015432)

Printed in KOREA